VOYAGE

EN

COCHINCHINE

PENDANT LES ANNÉES 1872-73-74

PAR

M. LE Dᴿ MORICE

LYON

H. GEORG, LIBRAIRE-ÉDITEUR

65, RUE DE LYON

MÊME MAISON A GENÈVE ET A BALE

—

1876

VOYAGE

EN

COCHINCHINE

PENDANT LES ANNÉES 1872-73-74

VOYAGE

EN

COCHINCHINE

PENDANT LES ANNÉES 1872-73-74

PAR

M. LE Dʳ MORICE

LYON

H. GEORG, LIBRAIRE-ÉDITEUR

65, RUE DE LYON

MÊME MAISON A GENÈVE ET A BALE

—

1876

VOYAGE

EN COCHINCHINE

PENDANT LES ANNÉES 1872-73-74

PORT-SAÏD. — ADEN. — SINGAPOORE. — SAIGON. — CHOLEN. — GOCONG. — CHAUDOC.
HATIEN. — PHUQUOC. — VINHLONG. — MYTHO. — TAYNINH. — CEYLAN.

Je quittai la France le 28 mai 1872. Le transport *La Creuse*, qui m'emportait vers le delta du Mékong, mit quarante-cinq jours à faire le voyage ; il est vrai que nous fîmes quatre escales, dont une assez longue à Singapoore. La première, celle de Port-Saïd, ne me fit connaître l'Égypte que par son côté aride ; je ne m'arrêterai pas à décrire ce point méditerranéen, bien connu depuis quelques années. En ma qualité de naturaliste, je fouillai avidement les environs de la ville : j'y pris seulement deux belles Cicindèles maritimes et un fort joli petit Lézard très-commun, derrière le quartier arabe de Port-Saïd, où il niche sous des cadavres de Chameaux et au pied d'une plante rabougrie qui égaye seule cette plaine de sable salé. La traversée du canal ne fut marquée que par un seul incident : un bateau anglais, qui revenait des Indes et qui portait pour devise : *The heaven's light is our guide* (la lumière du ciel est notre guide), nous croisa, au niveau des lacs Amers, et fracassa contre notre bord deux de ses embarcations qu'il avait oublié de rentrer, malgré le règlement. A Suez, nous ne nous arrêtâmes que pour changer de pilote et nous entrâmes dans la mer Rouge. Au mois de juin, je ne con-

1

nais rien de plus cruel que la navigation à vapeur dans ces parages. Je couchai le plus souvent sur la dunette ainsi que mes compagnons de torture, et plus d'une fois la nuit se passa sans sommeil à épuiser l'eau des gargoulettes (bouteilles en terre poreuse) et à appeler ardemment la brise du matin qui nous permettrait de respirer. Enfin, les rochers rouges et brûlés d'Aden apparurent. Notre bateau fut immédiatement entouré d'une foule de très-petites embarcations, où des gamins de huit à douze ans, de couleur foncée et à tête rasée ou barbouillée de rouge au moyen de la chaux, nous assourdirent de leurs cris répétés : « Capitaine, à la mer, à la mer ! » Ces drôles plongeaient très-adroitement pour saisir les pièces de monnaie qu'on jetait par - dessus le bord. Je descendis à terre afin de visiter le Gibraltar de la mer Rouge. Aden est un composé de deux villes, la ville militaire est à Stimmer-point, où nous étions mouillés ainsi que tous les grands bateaux, et d'où, par une route qui longe le pied des montagnes brûlées, on peut gagner la ville asiatique, dont les portes de rochers sont de véritables Thermopyles. La garde en est confiée aux cipayes. De nombreux Chameaux, chargés surtout de bois flotté ou ramassé je ne sais où et ressemblant à d'énormes ceps, marchent de leur pas hâté le long de cette étouffante corniche ; quelques troupeaux de Moutons et de Chèvres apparaissent de loin en loin. Pas de verdure, sauf quelques maigres térébinthacées qui se cramponnent aux flancs des rochers. Quant aux races que l'on voit à Aden, elles sont très-nombreuses, des Arabes, des Hindous, des Nubiens, des Parsis, etc. Après la ville, les fameuses citernes, situées à 3 kilomètres de là, sont tout ce que l'étranger doit visiter.

En quittant Aden, notre bateau fut assailli par un grain assez violent qui dura quatre ou cinq jours, mais qui ne nous occasionna aucune avarie. Nous ne nous arrêtâmes point à Ceylan, et les seules terres que nous aperçûmes, entre Aden et Singapoore, furent les attolls des Maldives avec leur ceinture de palmiers. Enfin nous passâmes le détroit de Malacca en longeant la côte de Sumatra dont les montagnes étaient couvertes de vapeurs. La vaste rade de Singapoore, avec ses bateaux innombrables et sa verdure splendide, reposa enfin ma vue qui, véritablement commençait à trouver « les sublimes horizons de la mer » d'une beauté par trop monotone. C'est une véritable Babel que cette ville de Singapore : Européens, Malais, Chinois, Hindous, etc., y confondent leurs races, leurs idiomes, leurs religions. Là, par bonheur, le transport mouille à quai et l'on est affranchi de l'exploitation par les bateliers indigènes. Seulement la ville est encore à 3 kilomètres de là. Les environs de Singapore sont charmants : sur une multitude de petites collines boisées se cachent, comme des nids, les cottages des Anglais et des négociants chinois. A cette époque de l'année, les arbres étaient couverts de lucioles qui faisaient une véritable illumination, brillant et s'éteignant tous à la fois par un mécanisme que je n'ai pu saisir. Quant à la foule bariolée qui remplit les rues, les quais et le marché de la ville, il faut renoncer à décrire ses allures multiples et ses cris incessants. C'est là que je fis, pour la première fois, connaissance avec cette odeur spéciale, rappelant un peu le musc, qui s'exhale de la terre dans ces pays de l'extrème Orient, odeur que je devais du reste retrouver à Saigon. Quelque chose qu'il faut absolument aller voir avant de quitter Singapore c'est le jardin du chinois Wampoé. Ce jardin, assez considérable et tout entier dans le goût du Céleste-Empire, est composé d'une succession de parterres ravissants. On y voit l'arbuste à thé, des roses, des palmiers, de splendides orchidées, et surtout une espèce de plante grimpante verte, très-fine, qui s'enlace autour de squelettes en fil de fer, affectant les formes de tigres, de Bœufs, de barques, de maisons, d'hommes, de femmes, d'Oiseaux, etc. De splendides Grues antigones *(Grus torquata)*, des Cerfs, un jeune Émeu de la Nouvelle-Hollande, très-familier, et, *proh pudor !* une porcherie qui me fut montrée avec orgueil, donnent quelque vie à cette nature végétale trop immobile. La maison de campagne de Wampoé, qui se dresse au milieu du jardin, est splendide, mais nul n'y pénètre, car c'est là que se trouve le gynécée. Seulement de larges vitres permettent d'admirer une pièce remplie de bronzes chinois et japonais, de gigantesques porcelaines, d'ouvrages en laques, etc., etc., sorte du musée où se complaisent sans doute les souvenirs de Wampoë.

Nous quittâmes Singapore, au bout de quatre jours, et remontâmes vers le nord. Les îles de Poulo-Condor furent reconnues sur notre droite, et enfin le cap Saint-Jacques, les montagnes de Bariah, les charmants bois de cocotiers nous apprirent que nous arrivions au terme de ce long voyage. Les rives du Mékong n'ont de remarquable qu'une grande uniformité : une végétation pressée où domine surtout le manglier ou palétuvier les couvre sur une large étendue; mais peu d'arbres de haute taille viennent rompre ces lignes sans grandeur. Quelques misérables cases annamites, plongeant à moitié dans la boue du fleuve, comme les palétuviers eux-mêmes, trouaient çà et là cette éternelle verdure. Enfin, le 6 juillet, *La Creuse*, jeta son ancre ne rade de Saigon.

Mon intention n'est pas de décrire les ennuis et les surprises du nouvel arrivant, je l'ai fait ailleurs ; je désire seulement, dans cette courte étude, fournir, sur notre colonie quelques indications précises et qui n'aient point été données, ce qui devient de plus en plus difficile.

Je ne fis à Saigon qu'un séjour de cinq mois, mettant peu à peu en harmonie avec ce nouveau milieu le vieil homme de France que j'y avais apporté. C'est en effet une toute autre existence que celle du Cochinchinois, comparée à celle de l'Européen. Le travail est là-bas un véritable effort et ils sont bien rares ceux-là, qui, leur besogne officielle ou obligée terminée, passent leur temps à autre chose qu'à paresser, étendus mollement dans une de ces bonnes chaises longues en rotin, ou à jouer ces whists ou ces bouillottes éternelles dont les bouteilles de *pale ale* anglais ou norwégien arrosaient largement les émotions. Saigon est une ville considérable, pour mieux dire c'est un composé de trois villes : la ville asiatique, formée des Annamites, cultivateurs, pêcheurs ou domestiques; des Chinois réunis en corporations suivant leur provenance et faisant surtout le commerce; des Malais et des Tagals: cochers, infirmiers, policemen; des Hindous du Malabar : changeurs, cochers, débitants de liqueurs.

La ville des colons, qui comprend les commerçants européens de tous les degrés, depuis le cantinier qui, à force d'empoisonner le malheureux soldat, a ramassé quelques milliers de francs avec lesquels il achète du terrain, ou tient un cabaret plus ou moins luxueux, jusqu'au grand commerçant français, anglais ou allemand ; enfin la ville des employés du gouvernement, officiers, administrateurs, médecins. Ces divers éléments se pénètrent, mais ne se mélangent pas ; en somme, à Saigon comme ailleurs et plus qu'ailleurs peut-être, il faut savoir bien choisir ses relations.

Quant à l'aspect de la ville, il est aujourd'hui tout européen, européen oriental s'entend. On chercherait vainement des maisons de six étages, à cheminées et à vitres. Un trait qui donne à Saigon une physionomie particulière, c'est la rareté de la pierre ; toutes ou presque toutes les maisons sont bâties en briques et entourées d'une véranda ; les trottoirs sont faits en briques placées de champ, on comprend que l'asphalte fondrait sous ce soleil. Le Cosmopolitan Hôtel ou maison Wantaï, situé sur le quai non loin du mât des signaux ; la caserne de l'infanterie de marine, la mairie (rue Catinat), la Sainte-Enfance, l'hôtel du gouverneur, celui du directeur de l'intérieur, sont les édifices les plus remarquables. La ville basse est occupée surtout par la partie commerçante de la population, la ville haute par les grandes constructions des hôpitaux, des casernes, des subsistances, des écoles ou des institutions religieuses. Deux magnifiques jardins, le jardin botanique, à droite, et le jardin de la ville et du gouverneur, à gauche, dominent la cité. Le premier, dont il serait facile de faire un digne rival des établissements de ce genre dont s'enorgueillit l'Inde anglaise, est tel qu'il est aujourd'hui une des choses les plus intéressantes qu'on puisse visiter. Les arbres et les fleurs de la Cochinchine, le banian, le manguier, le tamarinier (qui est l'arbre habituel des rues et des promenades de Saigon), les palmiers de toute espèce, les bananiers, les mangoustaniers, de magnifiques orchidées épidendres y étalent leurs fleurs et leurs fruits à côté des caféiers, des vanilliers, des cacaoyers, qui s'acclimatent peu à peu grâce aux soins du savant directeur,

M. Pierre, un des « vieux-Cochinchinois » qui ait résolu le problème de vivre en Cochinchine en travaillant autant qu'en Europe. Quelques animaux, qui servent de temps en temps à ravitailler le Jardin des Plantes de Paris, y sont aussi conservés et donnent une idée de la faune de l'Annam : une vaste volière rassemble des Paons, des Faisans, des Tourterelles, des Pigeons verts de Nicobar (appelés dans la colonie Pigeon de Poulo-Condor, du nom de l'île où on les trouve exclusivement), d'innombrables Passereaux, des Perruches, des Calaos, des Poules sultanes, etc., etc., tandis que les nombreuses espèces d'Échassiers et de Palmipèdes de la Cochinchine, les Pélicans, les Marabouts, les Aigrettes, les Grues, les Ibis s'ébattent non loin d'un étang artificiel. Une grande espèce de Crocodile *(Crocodilus porosus)* vit ou plutôt végète, à la manière de ses congénères, derrière une solide haie d'énormes pieux, tandis que les grands Pythons *(Python reticulatus)* s'étalent voluptueusement au soleil dans leur cage grillée à côté de gigantesques Lézards *(Varans et Sauvegardes)*. L'Ours des cocotiers *(Ursus malayanus)*, ainsi nommé sans doute, parce que en Cochinchine du moins on le rencontre surtout dans les forêts de l'est, fort pauvres en cocotiers, et si joli avec sa robe noire et son hausse-col jauni d'or, le Tigre royal, trois espèces de Cerfs, le Bœuf des Stiengs au grand fanon et à cornes à deux courbures, les Civettes, les Mangoustes, les Sangliers, etc., etc., sont aussi les hôtes de ce jardin où « tout Saigon » vient habituellement respirer chaque soir.

Derrière la ville haute s'étend la *vaste plaine des tombeaux*, parsemée d'humbles tumuli et de monuments plus ou moins somptueux, mais dont le soleil et la pluie écaillent vite les fresques et les caractères chinois. C'est là que, pendant l'hivernage, on chasse la Bécassine, très-commune alors dans les environs de Saigon. De grands champs d'arachides et les cultures maraîchères des Chinois parsèment çà et là cette immense plaine, devant laquelle passe la route stratégique qui mène de Saigon à Cholen. Une autre route qui suit l'arrayo réunit aussi la ville basse à ce grand centre auquel conduisent du reste de petites chaloupes à vapeur, affectées surtout au transport des travailleurs indigè-

nes. Cholen est la ville chinoise proprement dite ; elle est distante
de 5 kilomètres environ et comprend une population extrême-
ment pressée de 80,000 habitants. C'est là que se fait le grand
commerce de l'intérieur de la Cochinchine et de la Chine, et son
port est rempli d'une quantité prodigieuse de jonques et de sampans (barques annamites). Ses pagodes très-nombreuses sont
d'une richesse rare. Un vaste parc à Crocodiles se voit non loin
de Cholen, sur le bord même de l'arroyo (fleuve). Le grand
Saurien est, pour les indigènes qui, du reste, mangent aussi les
Serpents et les Varans, un animal de boucherie. Suivant les
besoins de la consommation journalière, le boucher attrape au
nœud coulant un des monstres, l'attache avec des liens en rotin,
en lui relevant les pattes sur le dos et la queue le long du corps, lui
ferme la gueule avec les mêmes liens et le débite aux consommateurs. Les théâtres chinois, théâtre de marionnettes ou d'ac-
teurs réels sont fort communs. Un trait particulier, c'est que les
femmes ne jouent pas sur les scènes du Céleste-Empire, leurs
rôles sont remplis par des adolescents imberbes. Les femmes
chinoises sont du reste peu nombreuses en Cochinchine ; le gouvernement ne permet que l'expatriation des hommes ; aussi l'ex-
portation des femmes est-elle une sorte de contrebande. Les
Chinois se sont vus forcés de s'unir aux femmes annamites, et
ces unions ont donné naissance à une race métis, fort intéres-
sante, de ces métis eugénésiques de M. Broca, qui sont aussi
féconds que les parents des deux races composantes. On les
appelle Minuongs.

Quant aux environs immédiats de Saigon et de Cholen, ils
manquent véritablement de grandeur ; ou s'ils en ont une, c'est
un genre de majesté auquel notre œil n'est pas accoutumé. Partout d'immenses plaines se déroulent à perte de vue, coupées
de ruisseaux, de marais, de champs d'arachides et de rizières.
Les ruisseaux fourmillent de Poissons qui fournissent un manger
détestable et sentent la vase, mais dont s'accomode fort bien
l'estomac de l'indigène. Ces marais renferment de nombreuses
espèces de Grenouilles, dont l'une, la Grenouille bœuf *(Callula
pulchra),* pousse pendant l'hivernage des cris étranges, bruyants,

qui étonnent d'abord et fatiguent bientôt les oreilles euro-
péennes. J'ai remarqué, qu'au moment des grands coups de
tonnerre, qui marquent le début de la saison des pluies, l'affreux
chœur de ces musiciens s'arrêtait tout d'un coup. Quant aux
rizières, elles constituent la vraie, la plus claire richesse du pays,
et la vue d'un champ de riz en plein rapport, dont les tiges vertes
se balancent au vent, n'est rien moins que désagréable : mais quel
abominable travail que celui de l'ensemencement et du dépiquage
du riz ! Enfoncés jusqu'aux hanches dans la boue bleue de leur
champ, hommes, femmes et buffles cheminent sans dégoût à
travers cette vase dont la vue et l'odeur soulèvent à bon droit le
cœur de l'étranger. Des Batraciens innombrables, des Serpents
et même des Poissons vivent au milieu des touffes de la graminée,
et c'est un spectacle qui surprend d'abord que celui d'un Annamite pêchant au milieu de sa rizière. C'est grâce au Buffle que
l'Indo-Chinois vient à bout de cette difficile et dangereuse culture. De fait, le Buffle et le seul Ruminant domestique de la basse
Cochinchine ; les petits Bœufs à bosse, qui traînent certains
véhicules et fournissent la seule viande de boucherie que nous
ayons, viennent du Cambodge ; ils sont très-rares dans notre
colonie même, dont le climat, trop humide pour eux, convient au
contraire admirablement au Buffle. Mais cette énorme brute, aux
cornes immenses, qui obéit si docilement aux ordres d'un gamin
annamite, est une bête fauve pour nous. Même aux environs
immédiats de la ville, il y a quelque danger à aller chasser
sans guide, car notre vue a le don d'exciter la fureur de ce
monstre, et, au début de l'occupation, cette antipathie fut cause
de plus d'un accident.

A l'est de Saigon, sur la route de Bienhoa, quelques collines
légères bombent la plaine et des bouquets de bois commencent
à se montrer. Au lieu de la boue rouge de la capitale et de la
boue noir-bleuâtre des campagnes saigonnaises, on foule de jolis
sentiers couverts de sable blanc, dans les forêts du Pointat et
de Tuduc. Aussi, ces bois sont-ils le but de nombreuses excursions ; et le dimanche une partie de la population vient s'ébattre
au milieu de ces arbres couverts de Passereaux et de Tourterelles.

On y tue quelquefois des Paons, mais le soupçonneux Gallinacé n'y est plus très-commun. Les Sangliers, les Cerfs s'y rencontrent aussi, et Monsieur le Tigre *(Ong Cop)* vient quelquefois, de Bariah, ou de Bienhoa, pousser jusque-là ses promenades gastronomiques. Fort heureusement, le temps est déjà loin de nous où le redoutable Félin se saisissait, jusqu'à Saigon même, des sentinelles isolées. Le bruit de nos armes à feu l'éloigne peu à peu ; du reste la bonne nature tropicale a créé assez de Cerfs, de Bœufs sauvages et de Paons pour satisfaire ses puissants appétits.

Vers la fin de novembre, je dus me diriger sur le poste de Gocong situé au sud-ouest de Saigon, ville où plutôt marché principal d'une grande et riche agglomération de cultivateurs. Je frétai une jongue et partis par une de ces nuits de poix si communes là-bas. Grâce au peu d'élévation de la basse Cochinchine, qui n'est après tout faite que des alluvions du Mékong, la marée monte dans les divers bras de ce grand fleuve à une distance de plusieurs centaines de kilomètres. Aussi, est on forcé de bien étudier l'heure de la marée, lorsqu'on voyage dans l'intérieur. De plus, les petits arroyos sont parsemées de dos d'âne, où l'on risque d'être laissé à sec pendant plusieurs heures, si l'on a mal calculé son départ. J'arrivai à Gocong sur les dix heures et demie du matin.

Un étranger, amené tout d'un coup à Gocong, voit la vie indigène dans sa simplicité et sa vérité primitives. Saigon, comme tous les grands ports, ne donne nulle idée du caractère réel de la population annamite. A notre contact, comme cela arrive trop souvent, les vilains côtés de la nature humaine se sont surabondamment développés chez cette race, après tout inférieure ; les hautes payes, données aux employés et serviteurs indigènes, ont créé chez eux des besoins factices, et surtout leur ont permis de satisfaire largement leur goût dépravé pour l'opium et le jeu ; enfin, beaucoup d'entre eux ont pris de nos mœurs et surtout de notre habillement. Au contraire, au milieu des rizières de Gocong, est une population presque exclusivement agricole et présentant, dans toute sa pureté, le véritable type annamite. Un

côté fâcheux de ce caractère, c'est un amour de procès qui laisse
les Normands bien loin en arrière. Il n'y a peut-être pas un
lopin de champ qui ne donne sujet à d'interminables procédures.
Aussi, les administrateurs de Gocong sont-ils véritablement
assiégés par une foule patiente, mais inexorable.

La ville est coupée en deux par une rivière ; sur la rive droite
est bâtie la petite cité européenne, composée du fort, de l'inspection,
de la maison du médecin et de celle de l'employé du télégraphe.
C'est là que tous les Européens, excepté l'agent de la ferme
d'opium, habitent à l'abri d'un coup de main, car la rivière entoure
la moitié de ce point stratégique, et d'impénétrables marécages,
l'autre moitié. C'est dire aussi que la fièvre intermittente sévit là
assez cruellement. Sur la rive gauche s'étale la ville annamite et
chinoise. Un Annamite, qui est presque un personnage histori-
que, le Lanh-binh-Tanh, a une maison assez somptueuse à peu
près en face du fort. C'est le chef de la milice indigène, et tout
son dévouement nous est acquis, car la conservation de sa tête
est à ce prix. En effet Tanh, qui fut un des premiers nobles ou
notables à reconnaître notre gouvernement, serait certainement
décapité le lendemain du jour où nous quitterions Gocong. J'eus
l'honneur de dîner chez ce haut fonctionnaire qui me reçut
aussi somptueusement que possible ; derrière moi un milicien
indigène, armé d'un de ces beaux éventails en plume de Marabout,
que l'on fabrique seulement dans la presqu'île de Rachgia, chas-
sait les moustiques et renouvelait l'air. Tanh me fit manger,
entre autres plats exotiques, une salade d'araquier. Ce sont les
couches internes des jeunes tiges de ce palmier que l'on mange
ainsi. Blanches, croquant sous la dent, ces tiges ont un certain
goût d'amande, et forment en somme un hors-d'œuvre très-agréa-
ble ; seulement elles sont d'une digestion laborieuse. A la suite
de la maison de Tanh, s'étale le village qui entoure le marché.
Le marché est, pour l'Annamite, le centre autour duquel ce
groupent les diverses agglomérations d'hommes ; c'est là que se
traitent les affaires de la vie de tous les jours et les spéculations
d'une plus longue portée. Le marché de Gocong est amplement
approvisionné de tout les mets indigènes. On y voit le Porc an-

namite, affreux animal, fort semblable au Porc de Siam, et dont la chair, qui est la seule viande de boucherie régulière, est débitée principalement par les Chinois ; les divers Poissons de rizière et d'arroyo et surtout cette affreuse espèce noire , qui a une énorme tête et de larges ouïes épineuses avec lesquelles elle marche assez vite sur la terre ; les femmes annamites, qui font surtout le commerce des Poissons, les apportent vivants dans de grands paniers ronds où ils grouillent encore couverts de la vase natale ; on les assomme avec un gros bâton rond avant de les livrer aux consommateurs ; les arachides ou pistaches de terre, le riz non décortiqué *(lua)*, décortiqué et cru *(gao)* ou cuit *(com)*; les transparentes crêpes de riz saupoudrées d'anis, les concombres, les saumures de Poissons ou de Crevettes *(rouchmam)*, l'affreuse liqueur faite avec la chair d'une espèce de Sardine *(nuocmam)*, les Crabes d'eau saumâtre ; les fruits du pays, orange, citron, pamplemousse, mangue, papayes, bananes de plusieurs espèces, cocos, goyaves, le maïs à moitié mûr, la canne à sucre coupée en morceaux, l'énorme fruit mamelonné du jaquier, etc. On y trouve aussi une grande quantité de tabac annamite et le papier à cigarette indigène ; car tout le monde fume en Cochinchine, hommes, femmes, enfants, presque exclusivement la cigarette, à laquelle ils donnent une forme de tromblon et qu'ils laissent pendre sur la lèvre inférieure ; les ingrédients de la chique de bétel, à savoir la feuille du poivrier bétel, la noix d'arec séchée, la chaux de coquillage blanche ou rose s'y rencontrent aussi en abondance. Les vêtements annamites, la veste et le turban blanc pour les jours de deuil, la veste et le turban noir pour les jours ordinaires, le pantalon noir, la ceinture rouge ou bleue, la bourse à tabac et à bétel très-joliment brodée, les boutons d'ambre ou de verre jaune, les bracelets d'argent uni ; les boucles ou plutôt les clous d'oreilles en or, etc , se vendent non loin des denrées alimentaires. Enfin, les jarres d'huile de coco, huile de toilette usitée uniformément par tout l'Annam, les faux chignons, et les peignes en écaille, attendent les acheteurs. Toute cette population grouillante, piaillante et odorante intéresse d'abord, mais finit par lasser. Quelques Hindous noirs du Malabar font, concurremment avec les Chinois, l'échange des monnaies. Vers dix heures, toute cette foule s'écoule, les gens de la campagne remettent, sur leurs épaules, le bambou qui supporte leurs deux paniers, plus ou moins allégés de leurs marchandises, et contenant les sapèques reçues en échange (on les porte aussi en chapelet autour du cou), et regagnent leur case lointaine.

Une belle pagode, à fresques singulières et de couleurs éclatantes, s'élève le long de l'arroyo ; des fleurs, des Oiseaux, des monstres fantastiques, des Tigres ornent les murs, et les trois colossales statues de la famille Bouddha occupent le fond du sanctuaire devant lequel brûle une lampe éternelle.

Le plaisir de la promenade se peut goûter rarement aux environs de Gocong, car il est difficile de marcher longtemps sans prendre des bains de boue. Les chemins, peu nombreux du reste, sont flanqués, à droite et à gauche, par d'immenses marais ou d'interminables rizières que séparent de minces talus, sur lesquels il faut faire des prodiges de gymnastique pour conserver son équilibre. Aussi la chasse serait-elle un plaisir acheté bien cher si le gamin annamite ou l'homme de la milice indigène n'était là pour ramasser le gibier : celui-ci consiste à Gocong presque exclusivement en Bécassines et en Tourterelles ; on peut aussi tirer de splendides Échassiers, les Aigrettes blanches ou grises, dont le grand cou inquiet se dresse çà et là entre les touffes de riz. Il y a encore de très-grands et de très-beaux Martins-Pêcheurs *(Con-chim Sa-sa)*. C'est là aussi qu'on peut admirer, dans toute sa gloire, le Buffle annamite et son petit cornac, un enfant de huit à douze ans qui, étendu mollement sur l'énorme croupe du ruminant, le guide aux pâturages et lui fait prendre son bain du soir. Dans ce pays à rizières, le Buffle ne sert en effet qu'aux travaux qu'exige la culture du riz ; le reste de l'année, il est tout doucement occupé à manger, à ruminer et à se baigner. C'est du reste, avec le Porc, le seul animal pour lequel l'Annamite ait un peu d'affection. Le Chat et le Chien qui sont là, comme presque par toute la terre, les commensaux habituels de l'homme, sont mal nourris et presque pas caressés. Aussi sont-ils très-in-

férieurs en intelligence et en beauté à leurs congénères d'Europe.
Parmi les reptiles assez nombreux que je recueillis à Gocong
je dois citer une espèce d'Hypsirhine, Serpent aquatique non
venimeux, une espèce de Tropidonote, des Simotes, un jeune
Bungare annelé, et un jeune Naja; ces deux dernières espèces
excessivement dangereuses. Je ne restai qu'un mois à Gocong,
et dus revenir à Saigon pour prendre le vapeur de la compagnie
Larrieu, qui devait m'emmener à mon nouveau poste, Hatien, à
l'extrémité nord-ouest de notre colonie, sur le golfe de Siam, à
près de 900 kilomètres de Saigon. *Le Vaïco* (c'était le nom de
ce petit vapeur), dirigé par son brave capitaine Piton, sut heureusement éviter les bancs de sable si communs dans ces vastes
fleuves qui, suivant l'expression d'Edgard Poë, « coulent à plein
bord sans être restreints par des digues. » Nous visitâmes suc-
cessivement Tanan, petit port perdu dans les marais; Mytho, la
seconde ville de notre colonie, que je revis plus longuement au
retour; Vinhlong, autre centre considérable, et enfin, nous arrivâmes, le surlendemain de notre départ, au terme du voyage de
Vaïco à Chaudoc, que nos soldats, avec cette gaieté française qui
sait tirer le rire de la souffrance, appellent indifféremment
Chaudoc-les-Bains ou Chaudoc-les-Moustiques. J'allai rendre
visite à mon collègue le docteur Gaillard, lequel, avec cette bonne
hospitalité cochinchinoise qui se perd tous les jours, mit sa case
à ma disposition jusqu'à mon départ, c'est-à-dire jusqu'à ce
que l'administrateur, M. Venturini, m'eût réquisitionné une
jonque, ce qu'il fit aussi rapidement et aussi gracieusement
que je pouvais le désirer. Je passai deux jours à Chaudoc pour le
visiter succinctement. Le fort de Chaudoc est à lui seul une ville
immense; aussi, ne faut-il point s'étonner que les bâtiments
mi-chinois, mi-européens, où logent la garnison française et les
officiers, soient entourés d'une puissante végétation, dont les coupes intermittentes qu'on en fait ne parviennent pas à limiter
l'exubérance.

Dans ces massifs de bambous, dans ces herbes gigantesques qui
couvrent une bonne partie de la superficie du fort, on capture de
temps en temps des Pythons, qui vivent là côte à côte avec

l'homme, sans lui nuire d'aucune façon ; au contraire, ils font
la chasse pendant la nuit aux rats de toute espèce, qui sont une
des plaies de la colonie, surtout cet insupportable Rat musqué,
dont le passage sur les barriques et la farine suffit à empoisonner notre vin et notre pain. Les fossés boueux qui entourent le
fort fourmillent de gigantesques Cobra capelle *(Naja tripudians)* ; j'en ai apporté deux têtes énormes, dues à l'obligeance
de mon collègue Harmand. Il est vraiment étonnant, qu'avec une
telle abondance de reptiles venimeux, il n'y ait pas d'exemple de
morsures mortelles. Le village s'étend sur les deux rives du
fleuve ; il comprend des Malais, des Annamites, des Chinois et
déjà quelques Cambodgiens.

Les immenses marais qui entourent la ville sont habités par
une foule de Palmipèdes et d'Échassiers, les Cigognes, les Marabouts, les Aigrettes, la Poule sultane, les Canards sauvages,
les Sarcelles, les Bécassines, les Poules d'eau, les Plon-
geons, les Pélicans, les Grues isabelles *(Grus torquata)*,
etc. Une de ces dernières, parfaitement apprivoisée, se promène
en toute liberté dans le fort. Mais des nuées de Moustiques, dont
les larves trouvent de trop heureuses conditions d'existence dans
ces vastes étendues d'eau et de boue, sont le fléau le plus redoutable de ce point de notre colonie. Les indigènes se voient obligés
de s'enfumer chaque soir dans leurs cases, et les Européens ne
dorment que sous deux moustiquaires, la première solidement bordée et la seconde tombant à grands plis tout autour. Les lits sont
vastes et on y transporte tout ce qu'il faut pour lire, écrire et
boire. L'heure du repos arrivée, on se glisse dans cette forteresse
avec toutes les précautions possibles, et, à peine installé, on entend
tout autour l'irritante et bruyante musique des buveurs de sang
désappointés. Heureux si quelques-uns ne se sont pas introduits
en même temps ! Même au repas du soir, on ne peut manger en
paix qu'en entrant dans un sac de toile à voile qui s'attache sous
les aisselles et défie les aiguillons multiples de l'ennemi, tandis
qu'un *panka* ou grand éventail, qu'un domestique tire au moyen
d'une poulie, agite l'air et chasse les petites bêtes féroces loin de
la partie supérieure du corps.

Une des choses à voir à Chaudoc est la montagne Nui-Sham,
montagne de 280 mètres, située à quelques kilomètres au sud-
est de la ville. L'administrateur, effrayé des morsures auxquelles nous allions nous exposer, nous proposa des Chevaux, mais
Gaillard et moi nous préférâmes partir à pied, au mépris de tous
les moustiques de la création. Le chemin que nous suivîmes était
un de ces sentiers habituels entre des marécages. Jamais
je ne vis tant de Couleuvres *(Tropidonotes)*, et cette promenade
me fit croire à certains récits de voyageurs sur des districts
habités exclusivement par les Serpents. Tous les vingt pas au
moins, nous faisions lever un de ces Ophidiens qui se faufilait
dans les grandes herbes du marais. Tio, le Chien de mon collègue, nous donna même le spectacle d'un arrêt de serpent que
notre arrivée dérangea. Nous rencontrâmes une Annamite qui
nous vendit une tortue qu'elle venait de capturer, avec quatorze
œufs gros comme des œufs de Pigeons, et à coque assez résistante.
Nous en fîmes le soir même une excellente omelette, bien que
le jaune, qui est considérable, soit trop granuleux pour se lier
convenablement. A mesure que nous approchions de la montagne, nous étions assaillis par des bataillons de moustiques de plus
en plus nombreux, et il fallait constamment manœuvrer nos
mouchoirs pour écarter la foule sanguinaire. Aussi nous hâtâ-
mes-nous de visiter un grand tombeau annamite qui était le but
de l'excursion. Ce tombeau, bâti sur la croupe est de la montagne est composé d'une enceinte incomplète assez vaste, au milieu de laquelle se dresse un monticule revêtu d'une espèce de
stuc bariolé des couleurs les plus éclatantes. Une fresque, représentant un énorme Tigre, se trouve sur un des murs de l'enceinte
à l'intérieur. Notre retour ressembla à une fuite ; la nuit tombait
et les fanfares de nos ennemis ailés devenaient de plus en plus
éclatantes.

Le lendemain, ma jonque étant parée, je pris congé de mes
hôtes et voguai vers Hatien. Chaudoc est uni par un large et
long canal creusé de main d'homme à *Gienthan*, où commence
la courte rivière qui va se jeter dans le lac ou plutôt dans l'es-
tuaire d'Hatien. C'est le canal de *Vinh-té*. D'innombrables

Cambodgiens ont trouvé la mort en le creusant ; mais du moins
aujourd'hui Hatien est relié au reste de la Cochinchine. Si je ne
craignais les redites, je décrirais les tortures auxquelles je fus en
proie, pendant toute une longue nuit où les éternels Moustiques
se livrèrent sur moi à une orgie de sang. Les rameurs eux-mêmes s'arrêtaient parfois pour écraser un ennemi trop cruel.
Enfin, vers le soir du second jour, nous entrâmes dans le lac.
Entouré, au sud et au nord-ouest, de belles collines verdoyantes,
ce lac a un aspect enchanteur, mais les eaux étaient alors très-
basses et un étroit chenal, indiqué par des pieux, permit à peine
à ma jonque de passer, encore talonna-t-elle plus d'une fois. La
nuit était absolument tombée quand je débarquai à Hatien.

Hatien-les-Roses est un de nos postes de l'intérieur où l'œil
a le plus à jouir et la santé le plus à souffrir. Son lac et ses collines boisées, le golfe de Siam étincelant de lumière et ses îles
charmantes, les belles pagodes, le pic isolé de Bonnet-à-Poil, les
ruines cyclopéennes du tombeau de Maquenou, séduisent tout
d'abord le nouveau venu, mais l'air que l'on respire est empoi-
sonné. De ces marais salants qui bordent toute la côte se dégage
un miasme terrible, dont les manifestations sont étrangement
redoutables. Tous mes collègues revinrent fort malades, après
quelques mois passés dans ce port, et moi-même j'y laissai une
partie de ma santé. Aussi a-t-il été supprimé depuis, grâce aux
énergiques représentations du chef de service de santé. Je m'installai dans ma case du fort et commençai mes excursions dès le
lendemain de mon arrivée. Le fort est très-petit et admirablement entretenu ; il abonde surtout en roses, ce qui a valu à
Hatien son surnom poétique, mais il est peu au-dessous du niveau de la route, fort basse elle-même. Cette route, qui longe le lac,
est à peu près bordée d'une belle allée de cèdres, le filao, arbre
sacré des Annamites. Sur cette même route, se trouve la maison
de l'employé du télégraphe et le jardin de l'inspection. Celle-ci,
située au bout de l'avenue, sur une colline de 30 mètres environ,
est le seul point d'Hatien qui soit relativement sain. Une de ces
façades a vue sur le lac, et l'autre, sur l'immense plaine cambodgienne que bornent les montagnes de l'Éléphant.

Le long du goulet du lac et sur le golfe même s'étend la ville
annamite et chinoise. La rue principale forme ce qu'on a appelé la
Venise d'Hatien. Qu'on se représente une immense jetée en planches à peu près en ligne droite et longue de 100 à 150 mètres
environ ; de chaque côté de la jetée, s'étalent les maisons bâties
sur de hauts pilotis qui plongent dans une boue infecte. A la
marée basse, cette boue chauffée par le soleil a des effluves in-
supportables.

La population d'Hatien est formée de Chinois et d'Annamites,
et surtout de leurs métis ou Minuongs; elle se livre presque
exclusivement à la pêche. Le Poisson du golfe de Siam est
exquis, je citerai avec une vraie reconnaissance gastronomique
une espèce de sole, appelée *Con ca luoi trau* ou Poisson langue
de Buffle, à cause de sa forme ; les indigènes mangent aussi avidement les laitances des Squales qu'on prend en grand nombre
sur cette côte. On y capture aussi d'énormes Tortues, à tête presqu'aussi grosse qu'une tête d'homme, et dont la chair est excellente ; les masses musculaires de ces animaux, débitées sur le
marché, sont assez volumineuses pour qu'on croie avoir à faire à
d'énormes quartiers de venaison. Des Anguilles de mer, ou Syng-
nathes, forment un mets assez bon ainsi qu'une espèce de Cal-
mar ; les Huîtres d'Hatien, assez petites, sont très-appréciées,
même par les palais européens, et diverses espèces de Crabes et
de Squille (dont une rappelle assez la Squille-mante de la Médi-
terranée), offrent des ressources ordinaires dignes d'éloges. Un
Crustacé, intéressant à d'autres titres, le Limule des Moluques se
rencontre aussi à foison. Sa taille varie depuis une pièce de
cinq francs ou une piastre jusqu'à celle d'un énorme pain rond.
Il est armé d'une longue queue triangulaire, sa seule défense, et
qui lui sert surtout à creuser la vase pour y déposer ses œufs.

Un petit Poisson d'eau douce très-curieux et dont je fis la
connaissance à Hatien , est le Poisson de combat *Con-ca tia-tia*
des Annamites. Moins gros qu'un Goujon, ce petit animal est
d'habitude d'un noir uniforme assez ferme ; mais qu'on le mette
en présence d'un de ses semblables, la scène change ; son corps
s'enfle et ressemble à un damier noir et bleu ; ses nageoires se

2

dilatent et ont les reflets de l'azur, du vert métallique, de la
pourpre. Il lutte avec fureur contre son rival, ses yeux ont une
mobilité singulière, et les mouvements de son corps sont excessivement rapides. Les Annamites, qui aiment beaucoup ce genre
de spectacle, engagent souvent à ce propos d'assez forts paris.

Une des choses d'Hatien les plus intéressantes à visiter, est
ce grand bloc calcaire isolé qu'on appelle le Bonnet-à-Poil, à
cause de la forme. Il se dresse à 8 kilomètres au sud-est de la
ville, au milieu d'une grande plaine, à quelque distance des fron-
tières cambodgiennes. Le chemin qui y mène passe à travers des
marécages, et à la marée montante on y prend des bains d'eau
salée fort désagréables. Mais une fois arrivé au but on est amplement dédommagé. Le Bonnet-à-Poil est formé par l'adosse-
ment de deux énormes quartiers de roc qui s'appuient et s'ar-
queboutent l'un l'autre par leurs sommets, en laissant un assez
vaste espace à leur base ; c'est ce creux naturel que les bonzes
ont utilisé, depuis un temps immémorial, pour l'établissement
d'une pagode, laquelle a un grand renom de sainteté par tout
l'Annam. Dans une des nombreuses promenades que je fis de ce
côté, je trouvai un jour, à la porte de la pagode, un Cambodgien
mourant que ses proches avaient apporté sur une natte, afin
d'essayer de l'influence divine dans ce cas désespéré. La caverne
traverse le roc de part en part, et a été divisée en plusieurs com-
partiments qui forment, outre la pagode, des habitations modestes pour les prêtres ou les fidèles ; du reste, tout est humble
dans ce temple ; on voit bien qu'Hatien a déchu de sa gloire et
que ses revenus ont diminué.

On arrive par une rampe assez raide. A l'entrée pendent
d'énormes stalactites de carbonate de chaux, lesquelles réson-
nent comme un gong lorsqu'on les frappe d'une pierre et laissent,
pendant l'hivernage, distiller une eau fort indigeste peut-être,
mais excessivement fraîche. De l'autre côté de la grotte, la vue
s'étend sur une immense plaine que borne à l'horizon la montagne l'Éléphant. La frontière cambodgienne est là à 100 mètres
à peine, marquée par un talus peu élevé et que couronne une
haie de bambou ; derrière le talus est un fossé assez large, mais

peu profond et comblé par place pour les nécessités de la circulation. A droite on voit quelques éminences boisées, et sur la gauche, au loin, scintille le golfe de Siam avec ses îles qui apparaissent comme des points noirs; entre autres la grande Phuquoc, qui ne semble séparée de la Chaîne des Éléphants que par un gigantesque coup de hache. Autour du Bonnet-à-Poil, de grands manguiers, aux fruits excellents, servent d'asile à une foule de Perruches qui se racontent leurs impressions sans daigner s'inquiéter des témoins. La vigne annamite, aux ceps velus et aux grappes énormes, rappelant celles de Galaad, mais, hélas! à grains trop acides, tapisse les flancs du rocher, ainsi que de grandes lianes, dont l'une a jeté une coulée hardie et droite par-dessus une crevasse de plus de cinq mètres.

Un tombeau pyramidal, qui contient les restes d'un grand homme inconnu, se dresse, à quelque distance du Bonnet-à-Poil, sur le flanc d'une petite colline. Les arbres qui l'entourent servent d'asile à ces abominables Fourmis rouges *(Con-kien Vuong)*, qui se tissent dans les feuilles de grands nids et couvrent de leurs morsures brûlantes, comme une pointe de feu, les voyageurs imprudents qui agitent leur domicile aérien.

Après le Bonnet-à-Poil, il faut voir le tombeau de Maqueuou. Maqueuou était un Chinois, qui, venu pauvre à Hatien, s'enrichit, dit la légende, par la découverte d'un trésor. Une fois riche, il finit par être assez fort pour ériger Hatien en principauté, ne relevant plus ni de la Chine, ni du Cambodge, ni de l'Annam ; il se fit construire un magnifique palais où il est aujourd'hui enterré. Les ruines imposantes de cet édifice sont situées derrière le fort d'Hatien. Elles sont marquées par une grande plantation de poivriers, et se composent de murs fort hauts et d'une épaisseur cyclopéenne, qui enceignent plusieurs grandes salles carrées; celle du fond entre autres est immense ; on y pénètre par une brèche encombrée de datura, de ricin, et l'on se trouve en présence d'une végétation insensée, où joue tout un monde d'Écureuils, de Lézards, d'Oiseaux et d'Insectes, et qui entoure et étouffe presque cinq ou six tombeaux. Celui du milieu, formé d'assises successives, lesquelles vont en décroissant de la base au sommet, est le tombeau de Maqueuou. Pas d'inscription, un simple revêtement en béton, qui s'écaille et laisse des trous où nichent les minuscules Abeilles annamites. Un arbuste, planté par le vent ou par un Oiseau, se dresse effrontément sur le sommet de la pyramide. Les autres tombes, où dorment les femmes et les enfants du grand homme, sont beaucoup plus modestes ; elles ont la forme d'un carré long peu élevé. Malheureusement, le platras, qui recouvre leur maçonnerie en briques, est peu solide et s'émiette tous les jours sous l'action combinée de l'eau, du ciel et du soleil. On sort de là étonné de la force de ces murs et de la puissante volonté qu'il a fallu à cet homme pour secouer tout d'un coup l'apathie orientale de la société qu'il avait organisée.

Les pagodes, bâties à proximité de la ville, sont pour la plupart très-belles ; deux surtout d'entre elles. L'une est située derrière un grand étang recouvert de splendides nénuphars et de lotus ; elle fournit à peu près toute l'eau potable de la ville. Elle est remarquable par sa richesse sévère ; de vastes panneaux. et des meubles en bois de go, noir comme l'ébène, et travaillé curieusement, ou incrusté de nacre, en font le principal ornement. Mais l'établissement de ce genre le plus curieux, sans contredit, est celui que les colons français appelle la pagode du Diable. Elle est située non loin de la route qui mène au Bonnet-à-Poil, sur la gauche, à la base d'une colline boisée. Ses murs sont couverts de vastes dessins, sur papier de Chine très-fort, et représentant les tortures de l'enfer bouddhique. Dans le haut, trône ordinairement le majestueux et bienveillant Bouddha, accueillant avec son placide sourire les âmes bienheureuses qui montent vers lui. Tout le reste du tableau représente la cour de *Ma-qui* (le diable), dont le crâne rasé, sauf deux touffes latérales, rappelle assez bien celui de notre Lucifer cornu. Ses satellites, armés de piques et de lances, embrochent les damnés, les grillent, les précipitent dans des chaudières, ou les font dévorer par des monstres fantastiques et par des Tigres.

Une grande statue d'un Bouddha cambodgien, aux lobes des oreilles énormément distendus et percés d'un grand trou, à coif-

fure à étages, décroissant de la base au sommet, à baudrier rouge
placé obliquement sur sa poitrine, trône assis, les jambes placées
sous lui, à quelques centaines de pas de la pagode du Diable, sous
une tente en paille qui garantit de la pluie et du soleil les couleurs noire, rouge, et bleue, dont est bariolée cette gigantesque
image. Du reste, sur les collines verdoyantes, le long des sentiers, sous les arbres les plus touffus, sur tous les banians et
les manguiers, sont disposés, dans les environs d'Hatien, une
foule de petits autels carrés, ornés de sentences chinoises sur
papier rouge et offrant aux fidèles leurs petits bâtonnets rouges,
en bois odorant, qu'on peut allumer en passant.

A part la chasse, la pêche, les observations et les travaux
multiples auxquels on peut se livrer, Hatien est un véritable
lieu d'exil. Les communications avec Saigon sont lentes, à cause
du canal et du lac, qui n'est pas praticable toute l'année aux
canonnières à vapeur. La chasse elle-même est assez restreinte,
sauf la chasse aux Oiseaux des marais, aux Calaos et aux Tourterelles ; les Mammifères que l'on rencontre le plus souvent sont
les Écureuils, les Rats palmistes, les Pangolins, les Lièvres et
une espèce de Chevreuil à longues oreilles, *Con-houeu* des Annamites. On le prend souvent au piége, et j'en achetai un que
j'apprivoisai complétement; il me suivait partout, comme un
Chien, couchait dans ma chambre et était aussi affectionné et
confiant que possible.

A part la pêche, la véritable ressource des habitants consiste
dans la culture du poivrier. C'est de Hatien presque exclusivement que s'exporte le poivre de la Cochinchine. La culture est
à peu près celle du bétel, dont il a le port ; de grands pieux
soutiennent la plante grimpante, qui met cinq ans à rapporter.
Il est vrai qu'alors, chaque pied donne une piastre (5 fr. 55) par
an, et qu'on a guère à défendre la plantation contre la dent des
animaux rongeurs ou ruminants, qui, au contraire, détruisent
trop souvent les champs de maïs.

Hatien est pauvre en fruits autres que les cocos, les ananas,
et les fruits du jaquier. Les bananiers très-nombreux que l'on y
cultive, ne donnent que la banane de qualité très-inférieure et à

peine mangeable qu'on appelle banane cochon ; les excellentes
petites bananes tigrées, à goût caramélisé, que l'on y mange parfois, viennent toutes de Chaudoc. Les mangues sont rares et il
n'y a pas de mangoustanier.

Nulle aventure bien singulière ne troubla mon séjour à Hatien.
Je ne courus qu'un danger assez grave auquel je m'exposai moi-
même sans le savoir. Le Cobra capelle *(Naja tripudians)* est
aussi commun à Hatien qu'à Chaudoc. La femelle n'a pas sur le
cou la paire de lunette caractéristique, et les grandes plaques de
sa tête peuvent faire croire qu'on a affaire à un Tropidonote
inoffensif. Un jour, les ouvriers chinois qui réparaient les murs
du fort vinrent m'avertir qu'en descellant une pierre, ils avaient
trouvé un grand serpent enroulé autour d'un paquet d'œufs
agglomérés. J'arrivai, je réussis à saisir l'animal par le cou ; et
je me blessai, en le portant, contre une de ses dents, car il avait
la gueule ouverte ; mais, toujours persuadé que j'avais affaire à
un Ophidien inoffensif, je ne l'examinai point, et n'aperçus
point, par conséquent, ses deux énormes crochets antérieurs que
j'aurais dû voir tout d'abord. Je le mis ainsi que ses œufs (24)
dans une caisse garnie de paille, je lavai ma petite plaie qui
n'eut point de suite. J'avais fait quelques trous à la caisse pour
donner de l'air à mon prisonnier ; huit jours après, je ramassai
dans ma chambre trois petits serpents longs de douze centimètres
environ et qui soufflaient déjà énergiquement : le serpent souffle
et ne siffle pas. En les regardant de près, je vis qu'ils se dressaient et que leur cou dilaté me montrait, en me causant une
frayeur rétrospective, la fameuse paire de lunettes, j'asphyxiai
la noble famille avec des mèches soufrées. Il y avait vingt et un
petits éclos, dont une seule femelle, et ils avaient déjà tous
changé une fois de peau. Peut-être le Naja couve-t-il ses
œufs ? En tout cas, il est manifeste que cette femelle n'avait pas
voulu abandonner les siens. Ce chiffre de petits peut donner une
idée de l'effrayante fécondité de ce Serpent, qui compte parmi les
plus venimeux qu'on puisse rencontrer. A Hatien comme dans
tous les centres populeux, il y a une ferme d'opium. Le commerce de l'opium en Cochinchine est affermé par l'Etat à de

riches négociants chinois, qui ont seuls le droit de vendre la
précieuse drogue, et d'établir des comptoirs où bon leur semble.
Afin de réfréner la contrebande considérable qui se fait par toute
la colonie, ces négociants ont des agents spéciaux, tous Européens, qui renouvellent les divers dépôts. Celui de Hatien était
alors un charmant homme ; j'ai passé de bonnes heures dans le
petit belvédère qui surmontait sa case et d'où l'on apercevait
toute la ville et le golfe. Il fit, pendant mon séjour, une capture
importante, celle d'une jonque chinoise venant de Bangkok avec
une cargaison de plus de quatre-vingts boules d'opium : la boule
d'opium grosse presque comme une tête d'homme, a une valeur
pécunière considérable. Les contrebandiers, bien que nombreux
et armés (ils avaient même du canon), se laissèrent prendre sans
résistance par la jonque de mer de la ferme qui gagna une
somme très-élevée à cette confiscation.

Devant la maison de l'agent se dressaient des ouatiers, singulier arbre dont les fruits précèdent les feuilles ; leur voisinage
paraît funeste aux autres plantes ; on dit dans la colonie que rien
ne pousse sous leur ombre. Les fruits, de forme ovale très-
allongée, fournissent cette bourre, malheureusement trop courte
pour être filée, avec laquelle ont fait les précieux matelas
appelés matelas cambodgiens, qui sont très-légers et peuvent
se plier en plusieurs doubles ; ils permettent de voyager en
jonque ou en voiture à Bœufs, sans trop souffrir de la dureté dés
planches ou des cahos inévitables.

J'ai dit que la vie de Hatien est assez monotone. Pendant
tout mon séjour, je n'assistai qu'à une grande fête religieuse,
celle de Tét ou jour de l'an annamite. Pour cette sainte solennité,
toute la population avait revêtu ses plus beaux habits de soie
noire ou moirée, les petits enfants avec leurs pantalons à jambes
bariolées, de deux couleurs différentes et manquant absolument
de fond, offraient le plus risible spectacle. Devant chaque case,
se dressait un arequier ou un bambou qui portait vers le ciel des
offrandes symboliques, et à chaque porte, un dîner somptueux
était offert aux mânes des ancêtres. Cependant les Chinois
renouvelaient les sentences sur papier rouge dont ils décorent

leurs maisons, pour en écarter le diable, la maladie et la pau-
vreté, et le bruit des tamtams et des pétards retentissait partout.
Le jeu des javelines qu'il s'agit de faire passer à travers une
bague, celui du volant, lancé avec la main ou le pied, et celui des
balançoires, étaient les plus répandus. Enfin une troupe de comé-
diens annamites ambulants vint ajouter aux joies populaires ;
j'assistai à l'une de ces représentations où les mandarins mili-
taires, les païens et les Chinois étaient ridiculisés le plus possible,
à la plus grande joie de la population. En effet, un des traits
caractéristique de l'Annamite est un grand penchant à la moque-
rie. Cette fête dura sept jours environ.

Quelque temps avant de quitter Hatien pour retourner dans
l'Est, une occasion s'offrit à moi de visiter l'île de Phuquoc et
je la saisis avec empressement. L'administrateur de cette île,
M. le capitaine Hersen, revenant de Saigon et se rendant dans
une inspection, m'offrit de m'emmener, à condition que je vac-
cinerais ses administrés que décimait la variole. Comme j'avais
de bon vaccin, je me hâtai d'accepter son offre. Nous partîmes
sur un énorme chaland chargé de matériel et de provisions.
Deux autres Français, le garde forestier de Phuquoc et le gardien de caisse étaient avec nous les seuls passagers européens.
Notre lourde machine, partie sur le soir, n'arriva que le lendemain matin en vue de l'île, après avoir laborieusement louvoyé
à travers les îles des Pirates et les mille récifs qui garnissent cette
partie du golfe, dont le fond se rencontre déjà à 5, 7,10 mètres.
L'inspection étant bâtie sur la côte opposée, nous laissâmes le
chaland doubler l'île, et M. Hersen et moi gagnâmes à pied sa
capitale Iandon. Baidoc, le point où nous débarquions est un joli
village moitié dans les bois, moitié sur la côte. Toute l'île, qui n'a
guère plus de 14 lieues de long sur 10 de large, là où elle l'est le
plus, est entourée d'une ceinture d'un beau sable blanc, et de
nombreuses sources d'eau vive sourdent à quelques mètres de la
côte. Aussi, est-ce un des points les plus sains de la colonie ; la
fièvre intermittente y est presque inconnue, et ses habitants ont
une apparence bien plus robuste que les Annamites du continent.
Nous longeâmes constamment la côte et arrivâmes vers le soir,

après une marche presque orientée directement du nord au sud,
à Hamninh, où nous dînâmes et couchâmes chez le maire du lieu,
sur ces grandes tables en bois de go, noircies et polies par les
épaules de plusieurs générations ; nos têtes reposaient sur un
de ces petits oreillers carrés, bourrés de ouate, qui sont partout
en usage dans la colonie. Au point du jour, nous reprîmes notre
course et coupâmes cette fois l'île du sud-est au nord-ouest.
Cette partie du voyage s'effectua à travers des bois magnifiques ;
l'arbre à la gomme-gutte, le go, les jacquiers, les banians, les
arbres à huile avec leur entaille triangulaire, les pommiers-
acajou se dressaient tout autour de nous. De temps en temps,
fuyaient des Singes effrayés, ou d'énormes Varans dont nous
avions interrompu la béate somnolence ; les Dragons volants,
petits Lézards inoffensifs, sautaient de branches en branches à
la poursuite des Insectes, et les Eumèces, Lézards trapus, à corps
roux vernissé, se dressaient le long des souches et des arbres
renversés. Enfin, vers onze heures, nous arrivâmes à Iandon ;
où nous trouvâmes le chaland qui nous avait précédés de bien
peu. L'inspection, bâtie en bois sur de hauts pilotis, à la mode
annamite, se dresse sur la côte, en face d'une masse de rochers couronnés par un petit autel de Bouddha. Elle n'était pas
encore achevée, mais il y avait déjà trois pièces fort habitables ; on
y respirait à l'aise et la température, en ce mois de l'année (mai),
n'atteignait pas 25° à l'intérieur, chiffre diurne inouï, car la
moyenne de la Cochinchine est de 28°. Les habitants de Jandon,
comme du reste tous ceux de l'île, sont exclusivement pêcheurs
et forestiers. Des Raies à longue queue, d'énormes Tortues à
chair excellente, la Tortue caret, que l'on ne prend qu'à Phuquoc
et dont l'écaille sert à fabriquer ces peignes si recherchés des
dandys annamites, la Crevette, qui sert à faire le rouch-mam,
les coquillages les plus variés, des Poulpes, des Holoturies, mets
si goûté des vieux débauchés chinois, la Sardine à nuoc-mam,
etc., forment la pêche la plus importante. Tout le village est malheureusement empesté de l'odeur qui s'exhale des grandes
bailles de bois où fermente cette liqueur appelé nuoc-mam et qui
s'exporte par toute la Cochinchine, où elle sert de condiment

obligé aux repas des indigènes. De beaux cocotiers ombragent
cette côte, sur laquelle se trouve aussi la pagode de M. Poisson.
Les habitants de Phuquoc respectent fort les grands Cétacés,
qu'ils croient animés de sentiments très-bienveillants à leur
égard. Quelque temps avant mon arrivée, ils avaient rejeté à la
mer un de ces animaux, qui s'était échoué sur la côte, et, dans la
pagode en question, il ont religieusement disposé les grands os
d'un autre de ces monstres marins qui était venu mourir là. Deux
Grues, montées sur une Tortue fantaisiste, flanquent de chaque
côté ce singulier ex-voto. Les habitants de Phuquoc sont au nombre de deux mille environ, dont vingt Chinois seulement, tout le
reste est annamite ; pas un Cambodgien, malgré le voisinage de la
côte cambodgienne, pas un Siamois. Outre les ressources de la
pêche, on a celles des bois de l'île. Ce sont des essences précieuses pour la construction de maisons, de bâteaux, de pagodes. Aussi
les villages ont bien meilleur air que sur le continent, les cases
sont plus spacieuses et plus solidement construites. Une pro-
duction spéciale à Phuquoc est le jais, qu'on exploitait autrefois plus en grand, mais qui sert encore aujourd'hui à fabriquer
divers bijoux, tels que Tortues et Poissons incrustés de nacre,
petites boîtes à opium, bagues et surtout bracelets, lesquels,
recouverts ou non d'une feuille d'or, sont fort recherchés des
femmes indigènes.

Quant aux animaux domestiques, il sont peu nombreux : pas
de Bœufs, pas de Buffles domestiques, donc pas de rizières, pas
de voitures. C'est chose singulière qu'une population annamite
sans riz ; l'absence de cette culture ne laisse pas que de donner à
Phuquoc un aspect tout spécial. Au contraire, le Buffle sauvage
y existe et forme de nombreux troupeaux. On porte à plus de
trois mille têtes le chiffre de ces animaux ; ce sont les vrais sou-
verains de l'île ; ils empêchent toute culture étendue, et les quelques coins de terre ensemencée sont défendus par d'énormes
chevaux de frise qui n'arrêtent pas toujours les brutes affamées.
Les petits jardins qu'on voit assez souvent près des cases, sont
établis sur des planchers élevés à plusieurs mètres du sol. De
fait, l'île entière a une odeur d'étable ; on ne peut faire un kilo-

mètre sans rencontrer des traces irrécusables de l'existence du Buffle, et d'énormes Taons viennent se prendre dans la barbe du voyageur ou le piquer cruellement. Ces ruminants viennent quelquefois jusque dans les villages pour boire le nuoc-mam à la porte des maisons. Le gardien de caisse Guillemot me montra le crâne d'un de ces animaux qu'il avait traversé, à bout portant, avec une balle de chassepot au moment où il dégustait sa liqueur favorite. Il est étonnant que les habitants n'aient pas essayé d'en capturer quelques jeunes pour les domestiquer. Ces Buffles sauvages ne diffèrent guère, en effet, des Buffles domestiques, leurs cornes sont peut-être plus sveltes et plus longues encore ; sous ce rapport, ils se rapprocheraient du Buffle kerabau. L'inspection possède deux jeunes femelles prises dans une chasse ; ces animaux sont fort bien apprivoisés et plus doux que leurs congénères de Saigon. Je fis avec M. Hersen une chasse à ce royal gibier. Je connais peu d'émotions aussi fortes que celles d'un chasseur embusqué près de la route par laquelle arrive une famille de Buffles rabattue par les Chiens et les miliciens. C'est véritablement un plaisir de haut goût, mais qui a ses dangers. Les autres Mammifères sauvages de l'île sont le Sanglier, les Cerfs, les Paradoxures, les Civettes, les Écureuils rouges, les Écureuils volants et les Singes, surtout les Macaques et les Semnopithèques. Quant aux Mammifères domestiques, ils sont au nombre de trois seulement, le Porc, le Chat et le Chien ; le Cheval manque absolument. Les Oiseaux de l'île sont de grands Échassiers, des Calaos, des Tourterelles : le Paon n'existe pas. Les Reptiles, outre les Tortues de mer, sont les suivants : les Varans, un grand Iguanien, le *Physignathus mentager*, les Dragons bien plus communs que sur le continent, les Eumèces, les Geckos, les Crocodiles, et enfin un Serpent vert très-venimeux, le *Trimeresurus erythrurus* de Günther *(Con-ran Lop* des Annamites).

L'île est parcourue par une chaîne de montagne, continuation de la chaîne de l'Éléphant (le plus haut pic a 600 mètres). On dit que le massif montagneux du nord est habité par d'énormes Serpents qui dévorent les voyageurs. Le savant directeur du

Jardin botanique, M. Pierre, ayant eu occasion de pousser jusque-là une excursion qu'il fit dans l'île un an environ après mon voyage, m'affirma que rien ne justifiait cette croyance populaire. Un autre animal légendaire de Phuquoc est un Rhinocéros à corne lumineuse pendant la nuit, dont personne n'a rencontré de trace. Un fait curieux, c'est l'absence de Panthères et de Tigres, tandis qu'une île beaucoup plus petite, qui se trouve au nord et qui n'est séparée de Phuquoc que par un étroit chenal, est infestée de Tigres au point qu'un brave cultivateur chinois, qui s'y était établi avec sa famille, dût fuir, en grande peur d'être dévoré. L'administration a essayé d'acclimater à Phuquoc des Chèvres et des Moutons ; malgré les soins dont ces animaux ont été entourés, ils ont tous succombé. Aussi on ne peut compter que sur la chasse pour fournir le rôti quotidien nécessaire à l'homme de notre race dans ces climats qui amènent fatalement l'anémie.

Phuquoc est aujourd'hui entrée dans une voie toute nouvelle, grâce à l'initiative de son administrateur. L'attention du gouvernement a été attirée sur la salubrité de cette île charmante et sur sa richesse en essences précieuses. Les bois sont exploités et des concessions de terrain ont été faites aux colons. Si l'on peut regretter que la belle chevelure de Phuquoc disparaisse dans un avenir très-rapproché, il faut applaudir cependant à la colonisation sérieuse d'un des points les plus salubres de notre colonie.

Je quittai Phuquoc, après avoir vacciné quelques enfants et appris à un *thay-thuoc* (médecin) annamite à me remplacer dans cette facile tâche. Le chaland, poussé par un bon vent du sud-ouest, me fit bien vite perdre de vue le joyau du golfe de Siam, et le soir même j'étais de retour à Hatien.

Mais il était écrit que je ne planterais pas de longtemps ma tente ; je dus, peu après mon retour, fréter une jonque pour revenir à Saigon, d'où je devais m'embarquer pour un des points extrêmes du nord-est de la colonie.

Je m'installai de mon mieux dans ma jonque ; grâce à de nombreuses torches de résine, je réussis à éloigner ou à griller les grands Moustiques du canal, aux longues pattes annelées de noir. Je revis succinctement Chaudoc, où je serrai la main à mon collègue Dumas, qui avait remplacé Gaillard, et à M. Ledentu, lieutenant d'infanterie de marine, auquel je donnai en passant un splendide Varan capturé à Phuquoc, lequel, du reste, s'enfuit traîtreusement la nuit suivante. Trois jours après, je m'arrêtai de nouveau à Vinhlong, afin de remettre mon estomac fatigué des repas trop succincts que l'on fait lorsqu'on voyage en jonque. Du reste, j'étais désireux de visiter ce grand centre commercial. Le hasard, qui fait parfois bien les choses, m'y fit retrouver mon collègue Gaillard enfoncé dans les études ardues des caractères chinois et des lettres syllabiques de l'alphabet cambodgien. J'y trouvai aussi les deux frères de S. Pern, aimables garçons appartenant au commissariat de la marine, et que j'avais connus à Saigon. Après un repas réparateur, ils me firent visiter le fort et la ville. Le fort est à peu près aussi grand que celui de Chaudoc; c'est plutôt un camp retranché qu'un fort. La ville est vaste, il y a de belles promenades et le port est rempli d'une foule de sampans et de jonques; il y a même un café européen tenu par une femme européenne, chose bien rare dans l'intérieur. Mais les fossés boueux du fort et les marais qui avoisinent la ville sont, comme partout, un foyer perpétuel d'odeurs redoutables et de fièvres intermittentes. A ce moment, du reste, une maladie particulière, la dengue, régnait à Vinhlong. Un des traits qui est resté dans mon souvenir, c'est la quantité considérable de faux chignons que je vis en vente. On sait que les dandys annamites et la plupart des femmes, afin de se faire une coiffure plus volumineuse, ajoutent presque constamment à leur chevelure naturelle déjà longue une natte assez épaisse; mais je ne vis nulle part un pareil débit de cette singulière marchandise.

Le lendemain, je repartis en serrant la main à mes hôtes de quelques heures et me dirigeai vers Mytho. Deux jours après, j'amarrai ma jonque au quai de cette seconde capitale de la colonie. Bien qu'il y eût à Mytho trois de mes collègues, j'allai cette fois demander l'hospitalité au directeur de l'École normale,

M. Rougeot, aujourd'hui administrateur, un des caractères les
plus sympathiques que j'aie rencontré en Cochinchine, et qui
s'est créé sa situation actuelle par un de ces victorieux coups de
collier intellectuel dont peu de gens sont capables là-bas. Mytho, comme toutes les cités de l'ouest, est entourée de vastes
marais et est très-riche en cocotiers, cet amant des terres
boueuses. Une des plus belles rues porte le nom de Promenade
des Cocotiers. La ville s'étend sur les deux rives et comprend
une population pressée de près de soixante mille habitants. Le
fort est grand, mais son étendue est cependant inférieure à celle
des forts de Chaudoc et de Vinhlong. L'Inspection est peut-être
la plus belle de toute la Cochinchine. Elle est entourée d'un
vaste jardin où je vis voltiger de superbes Lépidoptères. J'y vis
les miliciens indigènes ou matahs, revêtus de leur costume tra-
ditionnel : capote bleue avec le chiffre de l'Inspection placé sur
le sein gauche, pantalon blanc ou mauresque, ceinture rouge,
pieds nus et tête couverte d'un petit salaco à pointe de cuivre,
se livrer à une singulière chasse : à l'aide d'une longue sarba-
cane, ils lançaient de petites boulettes de terre glaise, avec lesquelles ils attrapaient des Oiseaux. Au marché, on me proposa
comme plat délicieux de grosses Nèpes bien vivantes ; les Annamites les mangent frites dans la graisse. Il y a à Mytho un
parc à Crocodiles semblable à celui de Cholen. Le port est rempli d'innombrables bateaux indigènes. Après deux jours de
repos, je repartis et arrivai enfin dans trois jours à Saigon,
après avoir été à Tanan donner une consultation à ce malheureux interprète Burnel, qui devait mourir moins d'un an après
de diarrhée et d'hépatite chroniques.

Je restai quelque temps à Saigon à me remettre d'une affection oculaire contractée à Hatien et partis au mois de janvier
1874 pour Tayninh (Paix de l'Occident), situé au nord-est de
notre colonie, sur la lisière cambodgienne. Ce poste est l'un des
plus charmants que l'on puisse habiter : des bois magnifiques,
une colline qui mérite presque le nom de montagne : Nui-ba-dinh
(montagne de la Dame Noire), haute de 900 mètres ; un sol moins
humide, un soleil moins brûlant que celui de Saigon, en font la

perle de la colonie. — J'y passai sept mois bien employés à diverses études de linguistique et de zoologie.

Le bateau à vapeur de la compagnie Larieu me débarqua à
Ben-kéou, et comme la rivière de Tayninh, qui se jette dans le
Song-quan-hon, décrit des courbes fantastiques, je préférai me
servir d'un mode de véhicule plus direct, mais plus fatigant, je
veux parler de la voiture à Bœufs. On se couche dans cette
espèce de boîte carrée, non suspendue, et l'attelage, formé de
deux robustes Bœufs à bosse, vous enlève au grand trot au
travers des marais, par-dessus les tumuli et les troncs d'arbres,
sans égard pour les affreuses secousses que le voyageur éprouve.
J'arrivai à la ville après une heure et demie de ce supplice no u-
veau. Le fort, très-petit, est situé sur une colline peu élevée ;
derrière lui s'étend une magnifique forêt qui vient mourir sur la
croupe de la montagne. Au bas de la colline coule la rivière le
long de laquelle s'échelonne la ville annamito-chinoise. Derrière
la rivière, se trouvent de nombreux villages cambodgiens assez
éloignés et un village, Tiam ou Cham, que je visitai plus tard.
L'Inspection, très-belle et très-élevée, est bâtie à l'entrée du village, sur une colline un peu moins haute que celle du fort, sur
la route de Ben-kéou. En face d'elle s'étend une vaste plantation
de café déjà en plein rapport. Le jardin de l'Inspection est un
des plus beaux que l'on puisse voir. Quelques animaux, appartenant à l'administration, animaient alors ce vaste parc, entre
autres deux jeunes Ours des cocotiers qu'on laissait vaguer libre-
ment partout, car ils n'étaient dangereux que pour les matières
sucrées et grasses dont ils dévoraient parfois d'énormes portions,
et ne cherchaient nullement à s'enfuir ; ils logeaient dans deux
grandes caisses placées sous un hangar, près de la cuisine de
l'Administration, dans laquelle ils faisaient de trop nombreuses
incursions. Une jolie Grue isabelle, un jeune *Con-ca-tong*
(Panolia Eldii), Cerf appelé Élan par les colons à cause de
l'aplatissement de ses grandes cornes ; le Faisan de la Cochinchine, dont la tête est surmontée d'une aigrette aux couleurs mé-
talliques ; deux jeunes Panthères câlines comme des Chats et
pour ce enfermées dans une solide cage ; un jeune Sanglier ; un

vieux Bélier d'Aden à grosse queue chargée de graisse et qu'on
laissait mourir de lard fondu, voilà quels étaient les principaux
hôtes de cette petite ménagerie. Ajoutez-y deux Singes, de l'espèce appelée Macaque maimon, très-robustes et assez méchants,
habitant deux caisses élevées sur une haute perche, et enfin
deux Éléphants mâles. L'un d'eux était tout jeune et à peine plus
grand qu'un grand Buffle, l'autre déjà vieux, haut de plus de
3 mètres ; celui-ci était un présent de soumission donné autrefois
par les Cambodgiens. On les menait paître pendant le jour à la
campagne ; le soir on les conduisait au bain, et la nuit on les
entravait par un des pieds de derrière dans le jardin de l'Inspection. Ils ne manquaient jamais, avant de se livrer au repos,
de se couvrir tout le corps avec du sable ou de la boue, suivant
la saison : le grand dormait debout et le petit se couchait assez
souvent au pied de l'arbre où il était amarré. Du reste, toute
l'Inspection était pleine encore des souvenirs d'un fougueux
chasseur d'Éléphants, M. Reynhard. L'administrateur actuel en
avait reçu de splendides défenses. — M. Reynhard et son ami,
M. de Verneville, sont je crois les seuls Européens qui se livrent,
en Cochinchine, au noble mais dangereux sport de l'Éléphant,
et ils ont plus d'une fois joué royalement leur vie contre celle
du grand Mammifère qui, à meilleur titre que le Lion, mérite-
rait le nom de roi des animaux.

Parmi les arbres du jardin, le plus intéressant, sans contredit, était un jeune pêcher de France, qui non-seulement vivait,
mais avait poussé des fruits qui ne mûrissent malheureusement
pas. A Saigon, le pêcher est connu comme arbre, mais n'a
jamais de fruits. Il n'y en a, du reste, que quelques pieds au
Jardin botanique.

Le jardin et les routes étaient entretenus par les prisonniers
indigènes, qui vont à la besogne en portant leur petite cangue
en bambou, sous la garde d'un milicien ou matah armé de sa
lance annamite.

Parmi les diverses races qu'on rencontrait aux environs de
Tayninh, il faut avant tout citer les Tiams ou Chams, qui for-
maient autrefois un peuple puissant dont les Cambodgiens ont

refréné les ambitions politiques. Le village, qui se trouve à proximité de la ville, de l'autre côté de la rivière, n'est pas très-considérable. Les cases sont plus vastes et mieux faites que les cases annamites ; elles sont également bâties sur pilotis, bien qu'au milieu des bois; une échelle que l'on retire le soir conduit à la citadelle. Un rideau de bambou cache toute la petite cité, et du haut de leurs frêles édifices en planches, les Chams entendent bien souvent la nuit le cri du Tigre qui chasse dans les environs. C'est un peuple franc, gai et courageux. J'ai vu des chasseurs qui tiraient à bout portant, avec de mauvais fusils, l'Éléphant et le Rhinocéros. Les Tiams ne sont pas voleurs, comme la plupart des races asiatiques, et ils paraissent susceptibles d'une éducation plus complète. Leur taille est élevée, leurs traits plus mâles que ceux des Cambodgiens et des Annamites ; leur teint tient le milieu entre le rouge orangé des premiers et le blanc jaunâtre sale des seconds. Un caractère particulier de cette race, c'est l'énorme saillie des parties molles du bassin unie à une ensellure considérable. Les femmes vont au marché ayant pour tout vêtement une chemise échancrée en haut et descendant à mi-jambe. Elles portent les fardeaux sur la tête, sur un long mouchoir plié dont les deux bouts pendent de chaque côté du cou. Bien que les Tiams ne soient pas de race purement malaise, ils sont mahométans comme beaucoup de Malais, et leur langue a fait de nombreux emprunts à la langue de ces derniers.

Un vocabulaire recueilli, grâce à l'obligeance du maire ou *tong* des Tiams, Sabiou, homme fort intelligent, a été publié dans la *Revue de linguistique* de M. Gérard de Rialle, concurremment à un vocabulaire stieng ; j'en donne ici un léger aperçu.

FRANÇAIS	TIAM	STIENG	FRANÇAIS	TIAM	STIENG
1	Sa	Moué.	10	Seplou	Tiemat.
2	Doua	Paha.	Dent.	Takoaï.	Thmin.
3	Klao	Paï.	Langue.	Dela	Liam.
4	Pa	Pouon.	Œil.	Mata.	Mat.
5	Leumeu	Pram.	Sang.	Taga.	Dasiam.
6	Nam	Prao.	Tête.	Ako	Poh.
7	Tatiou	Pah.	Non	Ouoh.	Smaeuï.
8	Tlapan	Paam.	Oui	Hé	Dipeuï.
9	Samlan	Tchin.	Terre.	Halou	Déïdé.

Français	Tiam	Stieng	Français	Tiam	Stieng
Eau	Ia	Dah.	Arc	Agnun	Tmékau.
Mer	Tassi	Ansmo'.	Maison	Sonn	Agni.
Feu	Apouï	Ouïnn.	Blanc	Bohômh	Poh.
Lune	Iaplan	Kê.	Noir	Tiou	Kmao.
Soleil	Iaarré	Naï.	Rouge	Hareah	Doum.
Arbre	Kayao	Sieua.	Sel	Sra	Boh.
Belet	Hallah	Lamlou.	Tabac	Pakao	Tiokpokao.
Jaquier	Phunpanat	Knorr.	Vin	Alak	Pihsom.

Les Stiengs, dont j'eus occasion de voir quelques représen-
tants au marché, où ils venaient vendre de l'huile de bois, font
partie de ces peuples appelés Moïs (sauvages) par les Annamites. C'est un peuple misérable, sans industrie, et, du reste,
très-peu connu.

Quant aux Cambodgiens, dont M. Aimonier vient de publier
le vocabulaire, ils forment un peuple autrefois glorieux, mais
aujourd'hui courbé sous la loi du servage et de la féodalité. Ils
sont plus âprement religieux que les Annamites et moins susceptibles de recevoir l'empreinte européenne. Ils se mêlent même
très-peu aux autres populations de l'Indo-Chine. Leur taille
est plus grande, leurs mœurs plus austères que celles des Annamites ; ils sont surtout chasseurs et exploiteurs des forêts.

Cependant Nuidinh, la montagne sacrée, dressait toujours
à l'horizon sa tentatrice magnificence. Une partie fut organisée
avec l'inspecteur et je pus enfin admirer de près le colosse. Nous
partîmes en voiture à Bœufs, et après trois heures de course
effrénée sur la route de Trang-bang et dans les bois, nous arrivâmes à la base de la montagne. Le but de l'excursion était la
pagode située à peu près à 500 mètres. Après une ascension
fatigante à travers des amas de rochers et de grands arbres à
huile (cay-iao), que nulle voix d'Oiseau, nul chant d'Insecte
n'animait, nous arrivâmes à l'étroite corniche qui entoure la
grotte sacrée. Les revenus de la Dame noire (Ba-dinh) ayant
été considérables cette année-là, on réparait et agrandissait le
sanctuaire. D'énormes monceaux de briques, apportés à dos
d'homme, des blocs de bois de go noirs comme de l'ébène, et de
bois de sheun d'un rouge resplendissant, attendaient la truelle et

le ciseau des artistes indigènes. La vieille bonzesse qui dirige le monastère nous abandonna momentanément sa chambre, ornée du coffre-fort à roulettes de la communauté, coffre-fort à l'aspect respectable et qui ne laissa pas que de nous plonger dans des rêveries contemplatives. Nos domestiques prirent possession de ce lieu sacro-saint et y dressèrent la table, pendant que nous allions rendre visite à la source miraculeuse qui a décidé de la construction de la pagode et dont l'eau souveraine guérit ·tous les maux. Derrière un énorme rocher, la naïade annamite nous apparut dans toute sa beauté. L'eau tombait dans deux coupes naturelles où mes compagnons puisèrent et burent lentement la divine liqueur. Pour moi, qui étais un peu haletant de la montée, je crus devoir leur faire raison avec du vin de France, malgré les scintillements tentateurs de cette onde sacrée. D'énormes Calaos noirs et jaunes poussaient cependant leur cri énergique et guttural au-dessus de nos têtes, mais ils fatiguèrent notre poursuite et nous laissâmes le soin de cette chasse à l'interprète annamite qui, nu-pieds, pouvait bien mieux que nous suivre à travers les roches les différents Oiseaux. Nous allâmes dîner. De la salle du festin, nous voyions le panorama d'une grande partie de la plaine cochinchinoise qui se déroulait devant nous, avec ses marais, ses bois et ses innombrables canaux ; c'était un spec-- tacle véritablement grandiose. Mais enfin il fallut nous arracher à cette contemplation, et, suivis de l'interprète Quanqui nous rapportait deux Calaos, nous redescendîmes la croupe abrupte de la montagne et reprîmes nos véhicules qui, à la nuit, nous déposèrent sains et saufs à Tayninh.

Cependant ma demeure était devenue célèbre dans la contrée : c'était le rendez-vous habituel des chasseurs du pays qui, sachant mes goûts effrénés pour toutes les choses de la zoologie, venaient chaque matin, au retour du marché, en échange de sapèques et même de piastres, voire aussi de verres de tafia et d'absinthe, m'apporter des têtes d'Ours, de Singes, de Porcs-Épics, de Paradoxures, de Cerfs, de Bœufs sauvages, etc., etc.— Mon logis était composé de quatre pièces dont la plus grande, — véritablement immense, — n'avait d'abord pour tout ameublement

qu'une armoire et une vaste table ovale en bois de go. Peu à peu
je la garnis de dressoirs en bambou où j'étalais orgueilleusement
les squelettes de grands Mammifères de l'Annam, tandis que sur
la table s'alignaient de précieux flacons contenant les Reptiles et
les Insectes si nombreux de Tayninh. Tous les jours, de jeunes
drôles venaient me troubler dans ma solitude en apportant, au
bout d'un long bâton, quelque Ophidien bien vivant encore, qui
se débattait furieusement, le cou pris dans un nœud coulant, ou
ces beaux Buprestes dorés, ces grands Longicornes, ces Sagres
resplendissants, la gloire de l'Annam. Parmi les Reptiles innombrables que je recueillis ainsi à Tayninh, — et je recommande
ce moyen aux collectionneurs exotiques, car par lui-même l'Européen, brûlé et aveuglé par le soleil, ne trouve rien ou presque
rien, — parmi les Reptiles de Tay-ninh, citons les *Bungares
annelés* et *semi-annelés,* le *Naja tripudians,* la *Callophis ma-
culiceps,* le *Trimeresurus erythrurus,* Serpent vert à tête de
Vipère, tous venimeux, puis les beaux et svelts Serpents d'arbres, la *Dipsas multimaculata,* le *Tragops prasinus,* vert ou
jaune d'or, les *Passerita mycterizans,* au long museau ; les *Pythons réticulés,* dont on m'apporta un grand nombre de jeunes,
plus un individu, long de près de 4 mètres, qui avait dans le corps
un Lièvre à moitié digéré et trois espèces de Vers intestinaux ;
les Serpents des lieux humides et des prairies, les *Tropidonotes,* les *Ptyas,* et enfin les Serpents *ovovivipares* d'eau douce,
les *Hypsirhines,* la *Plumbea,* l'*Enhydris,* la *Bocourti,*
celle-ci énorme, très-farouche, et dont je parvins à rapporter
un individu vivant en France ; l'*Homalopsis buccatus,* dont les
jeunes, très-jolis, ont presque la couleur de la Chenille de l'eu-
phorbe. Enfin un dernier Ophidien aquatique, que je ne vis qu'à
Tayninh : c'est l'*Herpéton tentaculé,* que les Annamites redou-
tent beaucoup, bien qu'il ne soit pas venimeux ; il fait usage
d'une alimentation mixte, animale et végétale. Je réussis à apporter à Paris le premier individu de cette espèce qu'on y ait vu
vivant ; malheureusement, la rigueur du climat et peut-être les
manipulations intempestives, qu'un naturaliste trop zélé lui fit
subir pour le dessiner, amenèrent rapidement sa mort.

Je voyais presque tous les jours les administrateurs, avec lesquels je faisais de fréquentes promenades aux environs de Tayninh ; nos relations étaient excellentes et, grâce à cette cordiale entente, plus rare qu'on ne le croit dans les postes lointains de la Cochinchine, où l'ennui rend si vite « grincheux, » je devins possesseur d'un trésor qui manquait au Muséum de Lyon. Un matin, comme je déjeunais paisiblement chez moi, je reçus du premier administrateur un billet qui m'annonçait l'arrivée de quelques grands os d'Éléphant et l'existence d'un squelette complet à 80 kilomètres de là. Je m'emparai de deux fémurs, de deux humérus et de deux tibias (le fémur avait 11 décimètres de long), et, grâce à l'intervention de l'autorité, j'obtins des Cambodgiens, qui avaient apporté ces grands os, qu'ils iraient chercher tous les autres. Dix jours se passèrent en attente ; enfin, le onzième jour, en faisant ma promenade matinale, j'aperçus au milieu de ces grands terrains vagues qui descendent de la colline du fort à l'arróyo, une voiture à Buffle remplie d'os gigantesques. Je tenais ma proie. Un mot de l'administrateur mit à ma disposition des matahs et des prisonniers, et toute cette troupe porta à la rivière les os mal dépouillés, qu'on amarra avec de solides rotins non loin de la maison de mon ami le chasseur Démolis. Le squelette était à peu près complet, il n'y manquait que quelques petits os du métatarse ; la tête était seulement un peu mutilée, ces vandales de Cambodgiens ayant extrait les défenses à coups de hache. Grâce aux nombreuses cellules dont est garnie la partie frontale de la tête, il fallut ajouter des poids pour la faire descendre au fond de l'eau, tandis que le maxillaire inférieur coula de lui même comme une pierre. C'est ainsi que, pour quelques piastres, je pus me procurer un des *desiderata* du Muséum. Quelques semaines après, ces os, nets et vraiment imposants, vinrent s'étaler sur un dressoir en bambou, à côté d'un Rhinocéros qu'avait tué Démolis.

Une autre dépouille opime devait bientôt enrichir ma collection. A quelques jours de là, vers une heure de l'après-midi encore, comme j'étais plongé complètement dans le sommeil de la sieste, un Annamite vint me prévenir qu'à trois heures de

marche environ du fort, et à côté de la montagne, il avait blessé
sans doute mortellement un Con-dinh mâle, très-grand. Le Con-
dinh est un Bœuf sauvage très-voisin du Gaur et du Banteng,
c'est peut-être le *Bos frontalis ;* il est assez rare dans la colonie. J'attendis quelques instants que mes deux domestiques
fussent arrivés, et chargeant l'un de mon fusil et de mes provisions, l'autre d'un panier à provisions, je me précipitai en avant,
après avoir préalablement disposé un mouchoir mouillé sur ma
tête par-dessus mon salaco. Je rencontrai chemin faisant des
hommes que je pris d'abord pour des Cambodgiens, mais que mes
boys m'affirmèrent venir de Laos, ils conduisaient à Saigon un
troupeau de Bœufs et de Buffles. Chacun de ces animaux était
chargé en cacolet de grands paniers contenant le riz du voyage.
Les Laotiens portaient tous de vieux fusils. Mes domestiques me
furent utiles pour m'ouvrir un chemin au milieu des Buffles. Je
marchai par des chemins couverts, de plus en plus ravinés et
pleins d'eau, à mesure que j'approchai de la montagne. J'arrivais
enfin à un bois taillis, où l'Annamite me montra une vaste masse
noire, c'était l'ennemi. Il venait d'expirer quand nous l'approchâ-
mes. Il avait plus de 3 mètres de long et plus d'un mètre et demi
de haut. La robe était toute noire, sauf une large tache grise sur
le front, et il avait les quatre pieds jaunes. Il reposait sur quelques petits arbres qu'il avait écrasé dans sa chute. Nous le dé-
peçâmes sur place et le lendemain matin je rentrai triomphant
et harassé, avec la peau, le squelette et le filet de la bête. Je n'ai
jamais mangé de chair plus succulente. Cet animal a cinq vertè-
bres sacrés, plus quatorze caudales et treize paires de côtes. Les
cornes d'un beau grain, énormes, à nombreux sillons circulaires
à la base, sont jaunes dans leur plus grande longueur et noires
à l'extrémité seulement. La crête occipitale est très-forte et,
derrière, elle existe un creux immense ; il y a un renflement
considérable un peu au-dessus des os propres du nez. C'était en
somme une acquisition d'une haute valeur.

Mon séjour à Tayninh touchait à sa fin lorsque je trouvai
mon Con-dinh. Je fis, la veille de mon départ, une dernière promenade dans la plaine boisée qui s'étend derrière la rivière ; et

j'y vis pour la première fois le Vomiquier, dont les indigènes connaissent très-bien les propriétés vénéneuses ; les Annamites appellent l'arbre *cay-kou-ti* et le fruit *trai-ma-tayan*. Toute une famille de Benkeou faillit s'empoisonner, en mangeant un Poisson qui avait dégluti, sans doute par hasard, quelques fruits de cet arbre, lequel croît volontiers sur les berges élevées.

Enfin, vers la fin de juillet, je quittai Tayninh, en serrant la main des amis que j'y laissai et emportant de vraies richesses zoologiques, plus quelques animaux vivants dont je donne la liste ; malheureusement je fus obligé de laisser la plupart d'entre eux au Jardin botanique de Saigon.

De nombreux Reptiles : Deux *Varans*, dont un énorme ; des *Hypsirhines*, des *Tropidonotes*, des *Compsosoma radiatum* une *Passerita mycterizans*, des *Herpétons tentaculés*, des *Cistudes d'Amboine*, et une énorme Tortue fluviale, la *Trionyx carinifera* la *Con Cuo-din* annamite, dont l'écaille est molle, le cou très-long et la morsure cruelle. De tous ces Reptiles, je n'emmenai vivants en France que deux *Compsosoma radiatum*, un *Hypsirhina Bocourti* et trois Herpétons. La plupart moururent encore de Toulon à Paris, et je ne déposai vivants au Muséum qu'un Hypsirhine et un Herpéton.

J'avais encore deux *Marabouts* admirablement apprivoisés, un *Aiglon*, un *Martin-pêcheur*, un *Tragule nain*, charmant petit Cerf gros comme un petit lapin, un *Con-man* ou Cerf du Cambodge, à cornes courtes et à dents canines très-développés, un *Ours de Cocotiers*, un *Macaque maimon*, deux *Paradoxures types*, une *Civette* et un *Porc-épic*; je ne pus amener vivants à Paris qu'un *Ours* et un des deux *Paradoxures*.

Les deux jonques que je frétais pour emmener cette nombreuse et singulière famille ainsi que mes collections auraient réjoui le cœur d'un patriarche ; les deux Marabouts, debout sur roufle pendant le voyage, avaient surtout bien bon air ! C'était, en petit, une nouvelle arche de Noé.

Trois jours après j'étais à Saigon, et, le 20 septembre, je m'embarquai sur *La Sarthe*. Je ferai grâce au lecteur de ce voyage de retour ; je ne dirai qu'un mot de Ceylan, où *La*

Creuse n'avait pas touché. Pointe-de-Galles est une des relâches les plus attrayantes. La verdure tropicale y est dans toute son exubérance. Les cocotiers surtout y abondent et poussent jusque sur le bord de la mer. Mais la rade est toujours très-agitée; pour aller à terre, il faut se confier à ces curieuses embarcations à balanciers formées d'un tronc d'arbre creusé, auquel on a cousu deux planches, et d'une énorme poutre que relient à la barque deux longues perches. Trois cases existent dans ces singulières embarcations : celle du milieu pour les voyageurs, les deux autres pour les rameurs qui. abusant de la situation, écorchent les voyageurs de toute nationalité. Après une pose d'un jour, le bateau reprit sa marche, et le 2 décembre j'arrivai enfin à Toulon.

FIN

LYON. — IMPRIMERIE PITRAT AÎNÉ, RUE GENTIL, 4.

CAMBODGE

EMPIRE D'ANNAM

Tayninh

Saïgon

Tadue

Chaudoc

Vinhlong

Mytho

Golfe de Siam

Bouches du Mékong

MER DE CHINE

COCHINCHINE FRANÇAISE
CARTE SCHEMATIQUE
pour servir au Voyage de Mr le Docteur A. MORICE
de 1872-1874

www.ingramcontent.com/pod-product-compliance
Lightning Source LLC
LaVergne TN
LVHW052151080426
835511LV00009B/1793